Alpha Amadou Diallo

Gedichte und Texte

Bibliografische Information der Deutschen Nationalbibliothek: Die Deutsche Nationalbibliothek verzeichnet diese Publikation in der Deutschen Nationalbibliografie; detaillierte bibliografische Daten sind im Internet über dnb.dnb.de abrufbar.

©2017 Alpha Amadou Diallo

„Herstellung und Verlag: BoD – Books on Demand, Norderstedt".

ISBN 9783743124899

Gedichte und Texte

von

Alpha Amadou Diallo

Übersetzungshilfe

Eva Novotny

Bilder

Magdalena Purska
Eva Novotny

An meine Heimat Guinea

Guinea, du hast mich geboren,
mir Glück und Zufriedenheit geschenkt,
Guinea, du hast mir Wohlstand gebracht.

Aber dann,
in nur einem Augenblick hast du mir alles genommen,
mich von meinen Lieben getrennt,
mir meine Freunde genommen,
Afrika, Afrika, Guinea Conakri, West-Afrika
Warum hast du mich den Weg ins Exil geschickt ?
Warum hast du mich in die Einsamkeit entlassen ?

Guinea, ich versuche dich zu vergessen, aber ich kann es nicht,
Ich versuche dich aus meinen Gedanken zu jagen, aber es gelingt mir nicht,
Ich versuche die Bilder in meinem Kopf auszutauschen, aber es geht nicht.
Ich denke an dich Tag und Nacht.
Ich hab dich lieb !

Guinea, meine Heimat,
bereite dich vor,
denn ich werde eines Tages zurückkehren!
Ich werde wieder die Erde meiner Heimat fühlen.
Ich werde die Luft meines Landes atmen.

Dann wirst du mir alles, was du mir genommen hast,
zurückgeben müssen.
Du wirst mich an die Seite meines Sohnes stellen müssen,
an das Herz meiner Mutter schmiegen,
und an den Tisch meiner Freunde setzen.
Und in eben diesem Augenblick
Werde ich glücklich sein,
dass wir vereint sind
und dass du frei bist, frei von jeglicher Diktatur.

Dunkelhaft

Mich fröstelt, ich bin durstig. Es ist stockfinster.
Die Dunkelheit in dieser Zelle lässt mich den Tod fühlen.
Ewige Finsternis in blauschwarzer Nacht.
Unheimlicher Schatten des Grauens
Schwarz in der schwarzen Nacht.

Modernes afrikanisches Gefängnis,
Gefängnis des Militärregimes.
Ich fühle mich nicht mehr.
Bin ich noch lebendig in diesem Raum des Todes ?
Wann ist Tag, wann ist Nacht ?
Wie viele Tage und Nächte sind schon verstrichen?
Ich möchte wissen, ob ich lebe oder tot bin.
Vielleicht lebe ich noch,
denn mein Magen fordert sein Recht ein.
Ja, ich fühle es, ich lebe, denn ich habe Durst, Durst,
unendlichen Durst
nach Wasser, Wasser, Wasser.
Mit ausgetrockneter Kehle
Schreie ich nach Wasser: „ Wasser! Wasser!"
Und nochmals „Wasser!"

Es antwortet niemand.
Ob mich jemand gehört hat ?
Ob mir jemand Wasser bringt,
einfach nur aus Liebe zum Himmel ?

Ich habe Durst, Durst, großen Durst.
Ich will noch nicht sterben!
„Halt den Mund Verräter sonst bist du tot!"
Höre ich eine Stimme von außen.
Und ich bin froh,
denn nun weiß ich, dass ich nicht tot bin.
Ich verschließe mich, wie ein Korken eine Flasche,
während ich die Stimme höre.
Dunkelheit, dunkle Nacht!

Ich versuche mich einzufügen,
aber mein Verstand tut nicht mit.
Ich versuche zu tasten und zu fühlen,
die Geräusche aufzunehmen,
die Bewegungen zu spüren.
Finsternis, schwarze, endlose, dunkle Nacht.
Wie kann ich sie überstehen?

Mit all meiner inneren Kraft sage ich mir:
„Du musst leben. Leben, nicht sterben!"
Ja, ich muss leben. Mein Kind braucht mich.

Ich bitte um Gottes Hilfe.
„Hilf mir, mein Gott, befreie mich!
Hilf mir aus diesem schwarzen Loch.
Hilf mir, guter Gott.
Mein Baby braucht mich, ich muss leben!"
Meine Freunde brauchen mich,
der Einsatz für Menschlichkeit braucht mich.
Guter Gott, hilf mir!

Ich sehne mich nach dem Licht eines Tages,
dem Licht der Sonne, des Mondes,
und nach den flüsternden Winden.
Ich muss sie wiederfinden,
die unberührte, schöne Natur.
Meine Gedanken schweifen zum Meer,
zu den Bergen, in die Savanne.
Ich rufe: „Freiheit, Freiheit, Freiheit!
Es lebe das Leben, das Leben ist schön!"

Dann horche ich aufmerksam in die Nacht.
Unzählige Geräusche.
Ich fühle die Füße der Mäuse, die über mich laufen,
da ich fange eine und sauge ihr Blut aus.
Ja, leben.
Ich bin zu allem bereit um zu leben.

Mein kleiner Sohn ruft mich:
„Papa, du musst leben, Papa, ich brauche dich!"
Und meine Mutter, die Frau, die ich mehr als alles auf der Welt liebe,
flüstert mir zu: „Du musst leben mein Sohn!"

Auf einmal, wie ein Wunder:
Tak-tak-tak
Aus der Wand der schwarzen Zelle.
Auch ich klopfe an die Wand,
tak-tak-tak
tak-tak-tak
kommt zurück.

Ab nun täglich
Tak-tak-tak….tak-tak-tak
Ich bin froh, dass ich in der Finsternis nicht allein bin.
Wer ist der andere ?
Sein Klopfen ist verstummt.

Wie viele Tage bin ich schon hier ?
Eine Woche ? Vielleicht zwei?
Sicherlich zwei.
Zwischen Leben und Tod.

Siehe da, plötzlich wie ein Wunder:
Heller Tag blendet meine Augen.
„Komm mit, Verräter!"
sagt einer.
Später sind es vier.
Ich kann mich kaum bewegen.
Ich bin wie gelähmt,
geblendet vom Sonnenlicht,
ausgehungert, schwach,
ausgetrocknet, verdurstet,
„Wasser, Wasser, Wasser"
das Einzige, was ich hervorbringe.
Einer fragt: „Wasser? Du kannst es gleich haben!
Geht, haltet ihn fest, fesselt ihn!"

Sie fassen mich an Armen und Beinen
Und werfen mich augenblicklich in eine Wanne
schmutzigen Wassers.
Für mich ist es Wasser aus dem Paradies.

11

Ich saufe wie ein Loch und bade
Wie ein im Ozean freigelassener Fisch.
Man fesselt mich wieder und bringt mich in einen großen Raum,
in dem mich eine böse Frau und die vier Männer erwarten.

Ich sage mir: „Egal was passiert, Alpha du musst leben!
Ich rede mir zu: Leben, ja ich muss leben, das Leben leben.
Das Leben kann schön sein!

Heute lebe ich Gott sei Dank in Österreich. Aber lasst uns die nicht vergessen, die noch immer in finsteren Gefängnissen in Afrika und an vielen anderen Orten dieser Welt leiden.

In die Freiheit

Wenn ich Flugzeuge sehe, muss ich an Adler denken! Adler mit mächtigen Schwingen, die Affen in andere Kontinente transportieren. Erwartungsvoll stehe ich im Bereich der Abflugstation, die Adler warten schon. „Werdet ihr mich mitnehmen? Ich bin auf euch angewiesen, ich habe keine andere Wahl. Bald werde ich in euren blechernen Bauch klettern, mich in euren Gedärmen eingraben und hoffen, dass eure Gehirne, konstruiert von fortschrittlichen Affen, funktionieren.
Ich lasse mich von dir, du großer Vogel in die ferne, entwickelte Welt bringen. Es ist zu eurer Bestimmung geworden, unterdrückte, verfolgte Affen in andere Weltteile zu verfrachten.

Oh mein Gott, warum muss ich die Meinen verlassen, warum muss ich plötzlich aus meiner Heimat weg?

Ich fliege mit dir durch Wolken in die Weite des Himmels und lasse einen Teil meines Lebens zurück. Schließlich landen wir in der Gegend jener Affen, die sich zivilisierter verhalten als alle anderen. Manche Affen fliegen weiter, noch viel weiter....

Da stehe ich nun, allein und verlassen in einer mir unbekannten Welt. Ich fühle mich wie ein Neugeborenes, das sich an das Licht gewöhnen muss, das sich erst mit den geänderten Verhältnissen zurechtfinden muss.
„Adler, kannst du mir erklären, wie ich mich hier zurechtfinden soll?"

Der Adler schweigt.

Rund um mich nur weiße Affen. Sie sprechen in einer seltsamen Sprache, von der ich kein Wort verstehe. Plötzlich erinnere ich mich, eine Sprache der weißen Affen gelernt zu haben und dann frage ich auch gleich, wie ich mich in die Stadt der weißen Affen begeben könnte, denn mir wurde aufgetragen, mich beim Löwen zu melden, der seine Höhle in der Stadt hat.

Ein großer weißer Affe erklärt mir: „ Schwarzer Affe, wenn du in die Stadt kommen willst, musst du zur Riesenschlange gehen!" „ Aber ich weiß nicht, wie man zur Riesenschlange, die die Affen transportiert gelangt, wie man sich an ihr bedient".

„Das ist ganz einfach", sagt er, man muss zuerst ein Ticket kaufen, darauf muss man eine Hyäne beißen lassen, dann wartet man am Bahnsteig. Wenn sie kommt, dann steigt man ein und sie bringt einen auf direktem Weg in die Stadt."

Plötzlich nähert sich die Riesenschlange mit ihren hell glühenden Augen. Ich zwänge mich ängstlich hinein, sie ist voll mit weißen Affen, die mich anstarren, als hätten sie noch nie einen schwarzen Affen gesehen.

Nachdem ich in der Stadt der weißen Affen angekommen bin, suche ich die Höhle des Löwen. Sie ist von mehreren Löwen besetzt. Ein mächtiger Löwe sträubt seine Mähne und fragt mich, warum ich gekommen sei, warum ich gerade diese Gegend ausgesucht hätte. Ich antworte ihm: „Ich bin gekommen, weil es in unserer Gegend Löwen gibt, die gerne schwarze Affen fressen."

„Weshalb aber, wollen sie bei uns sein?" fragt er mich. Ich antworte: "Es ist der Adler, der mein Schicksal bestimmt hat, der mich hier abgesetzt hat."
„Dann soll uns der Adler erklären, ob das so stimmt, was du sprichst," brüllt der Löwe. „Wir werden ihn befragen und warten auf Antwort. Einstweilen geben wir dir eine Höhle zum Schlafen und etwas zu essen. Bis zur Antwort lassen wir dich leben und verzichten darauf, dich augenblicklich aufzufressen."

Die Adler fliegen, die Schlangen gleiten, die Hyäne beißt und die weißen Affen leben und die schwarzen Affen auch, solange die Löwen nicht Hunger verspüren um sie aufzufressen.

Die Abreise

Tag des Aufbruchs
Eines Tages werde ich endgültig abreisen.
Aufbrechen zu einem Planeten des Friedens und der Liebe.
Losziehen zu einem Planeten der Freundschaft, des Glücks und der Einigkeit.

Ganz bestimmt:
Eines Tages werde ich aufbrechen in eine Welt,
in der Ungleichheit, Ungerechtigkeit, Diskriminierung und Korruption
n i c h t den Alltag der Menschen beherrschen.

Ich werde wegfliegen wie ein Adler
Mit mächtigem Flügelschlag
An einen bestimmten Ort.
Auf einen Planeten, auf dem Menschen von Geburt an frei sind,
auf dem sie gleich sind an Würde und an Rechten.

Ganz bestimmt werde ich abreisen.
Ich werde aufbrechen an einen Ort,
an dem alle Lebewesen ein Recht auf Leben haben,
an dem sie das Recht auf Freiheit und auf Sicherheit ihrer Person haben.
An einen Ort, an dem sie weder verurteilt noch verhaftet,

eingesperrt oder verbannt werden.

Aufbrechen zu einem Planeten,
auf dem alle Menschen ein Recht auf Arbeit haben,
auf freie Wahl ihrer Arbeit.
Ich werde aufbrechen in einen Garten,
in dem der Gemeinschaftsgeist regiert,
in dem die Liebe den Ton angibt,
in eine Welt,
in der die Menschen mit den Tieren in Einklang leben,
in der die Vögel ihre Lieder mit mir singen,
in der ich mitten im Schwarm der Fische schwimme.
Ganz sicher werde ich eines Tages dorthin aufbrechen.

Begegnung im Kaffeehaus

Ich frage den Kellner:
„Kann ich bitte einen Capuccino haben ? "
„Nein, d u bekommst keinen."

„Warum bekomme ich keinen?"
„Weil du ein Schwarzer bist!"

„Weil ich ein Schwarzer bin?"
„Ja, du bist ein dealer!"

„Kennst du mich, weißt du denn wer ich bin ?"
„Nein, aber alle Schwarzen sind dealer!"

„Kannst du vielleicht meine Hautfarbe vergessen und mir doch einen Capuccino bringen, ich bin auch ein Mensch wie du?"
„Du, ein Mensch??"

„Ich bin ein Mensch, aber wer bist du?"
„Ein anderer, zivilisierterer Mensch!"

„Kann ich als Mensch jetzt den Capuccino haben?"
„Ja, weil du auf Deutsch danach fragst!"

„Wenn ein Schwarzer nicht deutsch spricht, darf er dann nichts bestellen?"
„Nein, der muss zuerst deutsch lernen!"

„Wie viele Sprachen sprichst du eigentlich?"
„Nur Deutsch."

„Warst du schon einmal im Ausland?"
„Nein, wozu, interessiert mich nicht, hab alles zu Hause!"

„Bist du sicher, dass du alles zu Hause hast?"
„Ich bringe jetzt den Capuccino, ich will nicht mehr mit dir reden!"
„Danke, du brauchst mir keinen mehr bringen, weil du Rassist bist,
auf Wiedersehen," sage ich, die Welt ist einfach zu klein für dich!"

Weißer Mann

Weißer Mann,
wie ich dich verehrte, an dich glaubte,
an dich, du Besitzer aller Erkenntnis,
aller Weisheit, aller Wissenschaft.
Du, der du hier auf Erden zu leben weißt !
Du Eigner des modernen Lebensstils.
Ich glaubte, du seiest vollkommen.

Weißer Mann,
wie ich dich betrachtete,
als einen kleinen Gott auf dieser Erde,
dem ich Respekt und Gehorsam schulde.

Jetzt lebe ich in deiner Welt.
Ich sehe dich nun als einen Sklaven.
Sklave deiner Lebensweise,
Sklave der Maschine, die du selbst erfunden hast.

Du besitzt alle materiellen Güter:
Flugzeuge, Computer, Autos,
nichts, woraus du nicht einen Nutzen ziehst,
nichts, um glücklich zu sein.
Auf der anderen Seite säst du Streit,
zerstörst unsere Erde,
erschaffst die Ungleichheit, den Hunger, das Elend, den Krieg.
Quer durch die ganze Welt, denn du hast nie genug,

du möchtest immer noch mehr.

Weißer Mann,
Mensch der Kultur,
ich bedaure dich,
denn du bist unglücklich.
Du gibst nur vor, glücklich zu sein.
Aber Zeit für deine Frau, deine Kinder und deine
Freunde hast du keine.
Es ist die Maschine, die dir befiehlt, die dich antreibt.

Du möchtest über die Natur herrschen,
die Geheimnisse Gottes ergründen.
Hast du vergessen, dass du eines Tages sterben wirst?
Dass du den Tod gegen nichts eintauschen kannst ?

Weißer Mann,
ich dein Sklave sage dir:
Beim Wiedersehen vor dem lieben Gott werden wir
wissen,
wie das Leben einmal sein wird.
Weiße, Schwarze, Gelbe, Rote, Arme, Reiche.
Aber du glaubst mir nicht, weil du nicht an Gott
glaubst.

Das Leben ein Kampf

Geheiligtes, geweihtes Leben, unantastbares, schönes Leben.
In dir ist alles unvorhersehbar, manches ist unverständlich,
vieles ist eine Last, eine schwere Bürde.
Du verwundest mich, überschüttest mich mit Schmerzen.
Aber du gibst mir auch Kraft, zu kämpfen.
Du machst aus mir einen Streiter,
forderst Leidende zum Kampf auf.
Zu einem unentschiedenen Kampf,
zu einem Kampf, in dem es keine Sieger gibt.

Einmal, da lässt du mich lachen,
das nächste Mal lässt du mich weinen.
Manchmal schenkst du mir Glück,
manchmal machst du mich betrübt.

Sind wir nicht verpflichtet,
auch ein Leben zu ertragen, das nicht wert ist,
Leben genannt zu werden?
Macht die Liebe das Leben lebenswert?
Du gibst Liebe,
du forderst Liebe zurück.
Ich kämpfe für die Liebe.

Angst vor dem schwarzen Gesicht

Meine Mama erklärte mir immer, ich müsse vor alten Menschen Respekt haben und ihnen helfen, wenn sie Hilfe brauchen. Sie sagte: „Wenn du einem Alten hilfst, dann ist Gott immer bei dir! Denk immer daran, dass auch du einmal alt wirst und Hilfe brauchst!" Sie wiederholte das oft und oft und legte großen Wert darauf, dass ich sie ernst nehme.

Seit einigen Monaten bin ich weit, weit, weg von meiner Mama. Ich befinde mich in einer anderen Kultur, ich lebe in einer anderen Welt. Ich bin ganz allein auf mich gestellt.

Als Flüchtling bin ich in Wien, darf nicht arbeiten und muss mit wenig Geld zum Leben auskommen. Ich habe oft Hunger. Auch heute.
Ich gehe in eine Telefonzelle und rufe Bekannte an und frage, ob sie mir Geld leihen können. Wie gut, dass ich Bekannte habe!

Als ich die Türe der Telefonzelle aufmache und im Begriff bin , hinauszugehen, sehe ich in etwa 100m Entfernung eine alte Dame. Sie kommt mir langsam entgegen, in gebückter Haltung, eine Tasche tragend. Plötzlich stolpert sie und liegt in ganzer Länge auf dem Gehsteig. Kein Mensch ist weit und breit zu sehen. „Alpha lauf und hilf!" höre ich meine Mutter rufen.

Ich laufe zu ihr und helfe ihr auf, ich stütze sie unter dem Arm und bemerke, dass ihre Nase blutet und ihr Gesicht aufgeschürft ist. Ich frage: „Geht es ihnen

gut?" und reiche ihr ein Taschentuch, das ich eingesteckt habe. Ihre Augen blicken erschreckt auf mich und ich spüre, dass sie Angst vor dem schwarzen Gesicht hat. „Es geht mir gut" antwortet sie mit leiser Stimme. „Wohnen sie in der Nähe?" frage ich besorgt.
„Ja"
„Soll ich sie nach Hause bringen?" frage ich weiter.
„Nein, ich kann schon allein gehen!". Aber ich sehe, dass sie zittert und wackelig auf den Beinen steht. Die Angst vor mir ist größer, als die Angst, nicht gehen zu können.

In diesem Augenblick beginne auch ich Angst zu haben. Ich male mir aus, wie es wäre, wenn plötzlich die Polizei käme, die verletzte Frau sähe und mich daneben, ihre Tasche in Händen haltend. Vielleicht würden sie glauben, ich hätte die Frau niedergeschlagen und beraubt? Ob sich die Frau an ihren Sturz erinnern würde? Wie würde sie alles der Polizei erklären?

Ich schaue suchend um mich, ob uns vielleicht jemand beobachtet hat.
Zum Glück sehe ich eine Frau in ihrem Auto sitzend. Ich laufe zu ihr und frage sie, ob sie die Dame nach Hause begleiten könne. Sie tut es, Gott sei Dank.
Ich mache mich auf den Weg zu meiner Bekannten.

Fulla Frau

Stiller Garten,
Geheimnisvoller Garten,
Garten unter gesenkten Lidern.
Unbekleidete Frau,
dunkel, hintergründig.
Deine Kleidung ist Farbe, die Leben bedeutet.
Schönheit hat dich geformt.
Siehe, im Herzen des Sommers, des Mittags habe ich
dich gefunden:
Versprochenes Land, von oben bis unten glühende
Sonne.
Deine Schönheit durchdringt mein Herz
Wie das Aufblitzen eines Adlers.
Nackte Frau,
dunkle Frau,
weiche Frucht in geschlossener Schale,
Mund, der meinen Mund verzaubert,
Savanne im klaren Horizont,
Savanne, die mich erbeben macht.
Süße Zärtlichkeit des Ostwindes.
Kostbar geschnitztes Tam-tam,
straff gespannte Haut, die bei Nacht dröhnt.
Tam-tam
Dein tiefer Ton singt von guter Liebe.
Unbekleidete schwarze Frau,
ich besinge deine Schönheit,
die an mir vorüberzieht.

Gestalt, die das Ewige besiegelt.
Bevor das Schicksal mich argwöhnisch macht,
weil du zu Asche geworden bist,
werden die Wurzeln neuen Lebens aus dir wachsen.

Afrikanerin

Frau aus Afrika, aus meinem Afrika!
Frau unter brennender Sonne des Mittags,
sich fügend in ihre Bestimmung als Mutter und Frau,
ihrem Mann, der sie verehrt und bewundert, ergeben.
Frau, die niemals ihrem Gatten widerspricht,
die selbst in ihrem Bereich nicht auf ihren Rechten besteht.
Du, die du für deine Familie da sein willst,
ohne aufzubegehren, ohne zu protestieren.
Afrika ist stolz auf dich!

Deine Kinder sind stolz auf dich, dein Mann ist stolz auf dich!
Du, die du beim ersten Hahnenschrei aufstehst,
um weit fort zum Fluss zu gehen,
trägst den Wasserbehälter ruhig auf dem Kopf,
gehst lautlos wie eine Katze,
damit du die neben dem Weg schlafenden Tiere nicht störst,
durch das blühende Grün deines Dorfes.
Dann schöpfst du Wasser für deine Familie
Und trägst es nach Hause.

Du bereitest das morgendliche Mahl
Noch ehe deine Kinder und dein Gemahl erwachen,
du kümmerst dich um das Vieh
und gibst ihm zu trinken.

Ho, Frau aus Afrika, aus meinem Afrika!
Du bist der Stolz deines Kontinentes
Der Stolz der Afrikaner.

In Wirklichkeit hältst du die Fäden in Händen in deinem Haus.
Du bist die Frau, die nur nach außen so wirkt, als würde sie sich fügen.
Du lehrst die Kinder, anderen mit Respekt zu begegnen,
ehrlich zu sein und Nächstenliebe zu üben!
Du bereitest deine Kinder auf die Härten des Lebens vor
Du bist die Frau, der Traum einer Mutter,
wie ich ihn ersehnt habe.
Du bist die, die mir sagt:" Hilf den Alten,
sag niemals „Madame" zu einer Alten, sondern sag „Mama"

Sieh in jeder Frau eine Mutter,
die du achten und lieben und der du gehorchen sollst.
Du hast mich gelehrt, das Alter zu ehren.
Frauen aus Afrika, ihr seid die Fundamente des Hauses Afrika,
die Grundfesten der Erziehung meines Volkes.

Ich verehre euch sehr.
Ich schätze meine Mutter sehr.
Ich achte alle Frauen der Welt.
Ich liebe Afrikanerinnen!

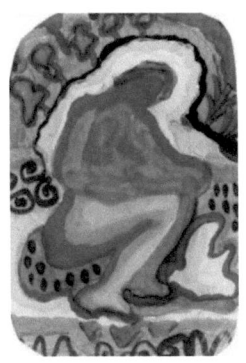

Kinder dieser Welt

Blut fließt, fließt, fließt...
Es fließt der Menschen Blut!
Gebt acht!
Es ist Krieg –Krieg.
Kinder dieser Welt, es herrscht Krieg! Krieg!
Lauft, seht nach euren Familien.
Sind sie noch da?
Wo sind sie?

Das Blut hört nicht auf zu fließen,
Menschen sind tot.............tot.
Gebt acht!
Auf die Bomben, auf die Granaten,
auf die Maschinengewehre und auf die Minen!
Da,
eine Frau sucht ihren Mann,
ein Mann sucht seine Frau,
ein Kind sucht seine Mutter,
Kinder weinen, sie finden niemanden mehr.
Kinder in Palästina, in Israel, in Angola,
in Afghanistan und überall dort, wo Chaos ist!
Gebt acht! Es ist Krieg.
Tausende Menschen sind tot-tot-tot.
Kinder schluchzen.
Sie verstummen.
Warum muss Krieg sein?
Ich würde gern wissen, ob er uns hilft?

Kinder Europas, Afrikas, Amerikas und Australiens
Lasst uns kämpfen gegen das Elend und die Ungerechtigkeiten des Krieges.
Kinder der Welt, wir müssen einander die Hände reichen gegen den Krieg.
Kinder der Welt, wir müssen uns zusammenschließen, um unseren Planeten zu retten.
Machen wir aus unserer Welt einen Garten der Liebe
Und des gegenseitigen Helfens!
Tragen wir Sorge für unsere Zukunft!
Wir sind verantwortlich für unsere Erde!
Kinder der Welt, ich grüße euch, ich liebe euch!

Weiße Frau

Weiße Frau,
verständnisvoll und freigiebig
so kamst du mir entgegen.
Du fragtest nicht
Ob ich reich oder arm sei,
ob ich Student oder Analphabet,
Asylwerber oder Tourist sei.
Du hast mich in die Arme genommen
Du hast mich auf meinem schweren Weg begleitet.
Ich bewundere dich, ich liebe dich.
Frau, weiß wie Milch,
die du mich von der Straße geholt hast,
die du mir Nahrung und Herberge gegeben hat,
die du mir die Tür der Zukunft und des Glücks geöffnet hast,
ich bewundere und liebe dich.
Frauen aus Österreich,
ich achte euch!
Ich, der aus einem Kontinent kommt,
in dem Ungerechtigkeit und Korruption regieren,
ich befinde mich in eurer Welt,
verwirrt, hoffnungslos und ohne finanzielle Mittel.
Du integrierst mich in eure Gesellschaft,
du findest Arbeit für mich,
du sagst mir,
dass ich in diesem Land frei sei,
dass ich mein Brot verdienen werde können,

dass ich meinesgleichen helfen solle.
Ho, weiße Frau, verständnisvoll, freigiebig.
Ich werde dich nie vergessen können,
ich werde dich immer lieb haben.

Du bist die stärkste Waffe gegen den Rassismus
Gegen die Ungerechtigkeiten
Und gegen die Ungleichbehandlung der Menschen
Quer durch die Welt.
Gott beschütze dich. Amen!

An meine Liebe

Meine Milch.
Erinnerst du dich an den Tag,
den Tag an dem wir tanzten?
Wir waren so glücklich.
Erinnerst du dich?

Erinnerst du dich,
an den Tag, an dem wir so verliebt waren?
Du hattest deine Arme ausgebreitet,
du hattest mich in deine Arme genommen.
Erinnerst du dich?

Erinnerst du dich an den Tag,
an den Tag, an dem du mich fest an dich gedrückt hast,
wir einander geliebt haben,
so wie wir uns jetzt noch lieben
und immer lieben werden?

Märchen aus Guinea

Es war einmal ein König. Dieser lebte mit seiner Frau in seinem Palast.
Im Traum sah der König, dass ein böser Löwe käme und Leute aus seinem Volke töte. Darüber war der König sehr besorgt und ließ im Land nach den besten Jägern suchen. Eines Tages kamen zwei starke, der Jagd kundige Männer vorbei und boten ihre Dienste an.
 Der König trug ihnen auf, den Löwen zu suchen und zu töten. Als Belohnung versprach er ihnen ein besonderes Geschenk.
Die Jäger machten sich auf die Suche nach dem mächtigen Tier und sie erlegten es. (Dazu muss man wissen, dass die Jäger glaubten, dass im Löwen ein Geist eines Verstorbenen sei).
 Sie kehrten zum königlichen Palast zurück und ein großes Fest wurde gefeiert. Die Trommler trommelten und tanzten und es wurde geklatscht und mit vielen Instrumenten Musik gemacht, gegessen und getrunken .
Da bat der König um Ruhe und verkündete, dass sich die tapferen Jäger eine Frau wählen dürften.
 Viele Frauen boten sich ihnen an. Manche davon waren wunderschön, aber auch eine unbekannte, stille, hässliche Frau war darunter. Diese hässliche Frau wählten sie aus und nahmen sie mit sich. Sie gingen mit ihr weit fort, durch die Savanne, durch den Wald. Als sie mit ihr schlafen wollten, benahm sie sich seltsam und ablehnend und keiner von den zwei Männern

hatte Glück und konnte sie dazu überreden. So beschlossen sie, die Frau zurück zu bringen.
Unterdessen hatte der König geträumt, dass er von dieser hässlichen Frau ein Kind bekommen werde, das sein Nachfolger werde.
Als die Jäger vor dem Tor des Palastes standen und die Frau zurückgaben, wusste der König, dass diese Frau ihm gehört.
Daraufhin war die erste Frau des Königs sehr böse, denn sie wollte nicht, dass der König ein so hässliches Weib zur zweiten Frau nehme. Die erste Frau hatte bereits ein Kind, und wollte, dass dieses später König werde.
Dem König gestattete die hässliche Frau aber, dass er einmal mit ihr schlafe und dann gebar sie ihm ein Kind. Aber das Kind war behindert.
Jahre später starb der König.
Das Kind der ersten Frau war schön und gesund. Das Kind der hässlichen Frau war entstellt und behindert.
Die erste Frau behandelte die hässliche Frau und deren Kind schlecht. Bis sie sie letztendlich ganz verstieß und aus dem Palast verbannte. Die zweite Frau musste mit ihrem gelähmten Kind in einer kleinen Hütte außerhalb des Palastes wohnen.
Ihr Kind war trotz der Behinderung sehr wild und aß gierig und viel. Sie schaute mit Wehmut auf das Kind der anderen Mutter, das sehr folgsam war und auch schon in der Jagd unterrichtet worden war. Sie dachte, dass dieses andere Kind bald König sein würde. 9 Jahre lebte sie schon mit dem behinderten Kind in der klei-

nen Hütte. Eines Tages war sie gerade beim Kochen, als ihr die Blätter eines Baumes zum Würzen fehlten und sie lief in den Palast zur anderen Frau um welche zu holen. Doch die andere Frau stieß sie weg und sagte: "Dein Kind ist ein Schwein, es ist kein Mensch, denn es benimmt sich wie ein Tier und frisst wie ein Tier. Ich gebe dir keine Blätter, Geh weg du Furie!"
Weinend schlich die Mutter nach Hause und erzählte alles ihrem Kind.
„Mutter, die Zeit ist gekommen," sagte das Kind, das ein Sohn war und machte sich auf den Weg zum Baum, dessen Blätter die Mutter brauchte , riss diesen samt der Wurzel aus und brachte ihn zur Mutter.
Dann rief er einen Sänger (Griot) zu sich und bat ihn, ihm eine große Stange zu bringen.
Unterdessen trommelten andere Sänger die ganze Stadt zusammen und brachten ihm die gewünschte Stange.
Als die erste Frau alles sah und hörte, spottete sie und sagte den Leuten, sie sollten alles bleiben lassen, sie verlören nur unnütz Zeit.
Doch der behinderte Sohn kroch auf den Knien zur Stange und richtete sich an ihr auf. Die Sänger begannen seine Geschichte zu singen und als sie so sangen wuchs seine Kraft zusehends. Er stand auf die Stange gestützt und beanspruchte seinen Platz als König.
   Da wurde die erste Frau wütend und ließ ihn festnehmen und brachte ihn und seine Sänger in ein anderes Land.

Der Sohn der ersten Frau wurde König. Aber er war ein böser König. Er war gefährlich und nützte sein Volk aus, nahm ihm alles weg und beutete es aus.
Das erfuhr auch der Sohn der zweiten Frau im fernen Land.
Er schickte Vögel aus, die den Menschen seines ehemaligen Heimatlandes die Nachricht brachten, dass er ihr Land befreien wolle, es verschönern wolle und befrieden wolle.
 Der böse König schickte ihm eine Nachricht zurück in der stand, dass sie sich zuerst im Kampf messen müssten .
So bereitete sich der Sohn der hässlichen Frau für einen Kampf vor. Er wollte sein Reich zurückerobern.
In den darauffolgenden Tagen marschierte er mit einer Armee und vielen Trommlern in das Land des bösen Königs. Er traf den König auf halbem Weg in der Savanne. Es fand ein harter Kampf statt, aber der böse König verlor ihn und musste sich geschlagen geben.
Er musste das Land verlassen und der Sohn der hässlichen Frau nahm den Platz seines Vaters ein und herrschte mit Weisheit und Wohlwollen und verschönerte und vergrößerte sein Reich.

Der Waise

Es geschah vor langer Zeit in einem kleinen Dorf, in dem die Menschen in Harmonie und Frieden lebten. Sie waren mit der Natur verbunden und daraus erwuchs ihre Stärke. Lebende und Tote konnten sich untereinander verständigen.
Man glaubte damals, dass Tote nicht wirklich tot seien und ihr Geist noch unter den Lebenden weilte.
Deshalb war es auch nötig, die Geister der Toten an der Ernte teilhaben zu lassen.
In diesem Dorf lebte zu dieser Zeit auch ein junges Paar, das noch keine Kinder hatte.
Für die Bewohner des Dorfes war es allerdings wichtig, dass eine verheiratete Frau, ein Jahr nach ihrer Hochzeit, Kinder bekam, denn wenn das nicht der Fall war, wurde sie als Hexe oder als Verursacherin allen Übels angesehen.
Es vergingen Jahre und das Ehepaar bekam kein Kind.
Nachdem sich der Mond oft und oft verändert hatte, hörte plötzlich der Regen zu fallen auf und es wurde trockener und trockener. Hungersnot kündigte sich an. Anfangs dachten die Bewohner dass die Toten böse seien und sie boten ihnen mehr Gaben an. Trotzdem fiel kein Regen und die Hungersnot wurde größer, der Hunger nahm zu.
Die Dorfbewohner sahen im Ehepaar die Schuldigen, weil diese kinderlos geblieben waren.

Aus Traurigkeit und Schande starb der Gatte. Er hatte noch nicht wissen können, dass seine Frau schon seit einigen Monden schwanger war.
Im Dorf ging unterdessen das Leben seinen alltäglichen Lauf, aber es wollte kein Regen fallen und die Menschen starben vor Hunger.
Auch die Frau hatte, als Hexe beschimpft, ihr Dorf verlassen müssen. Sie hatte sich in eine Höhle zurückgezogen und dort gebar sie in Einsamkeit und unter Schmerzen einen Sohn. Nach seiner Geburt starb sie.
Am Tage der Geburt aber fiel starker Regen und überschwemmte das Dorf. Es hörte erst nach einer Mondphase zu regnen auf.
Es vergingen Monde um Monde und der Waise wuchs heran, von den Geistern erzogen, und begann Fragen zu stellen. Die Geister der Höhle erzählten ihm seine Geschichte.
Er befragte sie, ob er in sein Dorf zurückkehren könne, denn er wollte den Menschen Gutes tun.
In diesem Augenblick hatte ein Mann des Dorfes geträumt, dass sich alle Menschen des Dorfes in die Höhle begeben würden um dort zu beten und Gaben zu bringen.
Der Mann erzählte seine Träume den Bewohnern, danach gingen alle vor die Grotte und begannen mit der Zeremonie.
Der Waise, der unterdessen herangewachsen war, trat vor die Höhle hinaus zeigte sich den Dorfbewohnern und stellte Fragen, warum sie seine Eltern beschuldigt hätten, Verursacher des Bösen zu sein.

Sie antworteten ihm, dass es ein Fehler gewesen sei und baten ihn um Verzeihung.
Der Waise nahm die Entschuldigung an und bat er die Geister, seinem Volk Frieden und Harmonie zurückzugeben.
Die Geister stimmten zu und ließen es abermals regnen.
Feldarbeit fing an und neues Leben begann zu sprießen und nach und nach verschwand der Hunger.

     Die Moral: Nehmen wir einander an, wie wir sind, ohne Unterschied.
Niemand kann wissen, wie viel jeder einzelne dazu beitragen kann, unseren Planeten zu retten.

Wer bin ich eigentlich ?

Ich bin auf der Suche nach meiner Identität,
Ich bin auf der Suche nach meinem Platz.
Wer bin ich ?
Woher komme ich?

Ich bin noch ein Kind,
ein Kind, das noch nicht beim Erwachsensein ange-
kommen ist.
Ich erinnere mich an die Zeit, in der ich gerne und viel
lachte.
Kind !
An die tägliche Heiterkeit,
das Lachen vor Glück,
das Lachen über ein Missgeschick!
Manchmal lachte ich und war zugleich auch traurig.

Heute umgibt mich soviel Traurigkeit, ich bin traurig,
denn ich weiß nicht, wo mein Platz in dieser Gesell-
schaft ist.
Ich fühle mich ohne Hoffnung,
denn Verzweiflung hat keine Hoffnung mehr.

Ich bin gesund.
Ich habe nichts, außer das Leben.

Ich bin zufrieden und unzufrieden.
Ich tue so, als wäre ich glücklich,

aber ich bin unglücklich.
Ich bin hier und lebe,
weil ich nichts anderes als mein Leben habe.
Es ist einfach: Nur „ja" und „nein" zu sagen.
Nun lächle und lache ich,
um mich selbst zu finden.

Aber ich sage ja zum Leben!
Ich lasse mich von niemandem beeinflussen,
Ich sage ja zu allen Dingen und zu allem, was lebendig ist.
Zum Sein und zu den Dingen, die mir meine Identität
Zurückgeben, und mich einen freien Mann sein lassen.

Ich bin wie ich bin.
Für die einen ein Nichts,
für die anderen ein Afrikaner.
Gebt mir mein ICH zurück!
Ich möchte es haben,
um mein Leben leben zu können.

Eines Tages, wenn ich nicht mehr auf dieser Welt sein werde,
werden sie mir vielleicht meine Identität zurückgeben.
Aber dann werde ich sie nicht mehr brauchen.
Ich möchte jetzt und gleich meine Identität,
bevor ich zu Asche werde!

An den Präsidenten

Als ich noch ein Kind war,
habe ich deine Politik beobachtet.
Ich habe sie damals bewundert.
Heute weiß ich:
Du weißt nicht,
was Politik bedeutet.
Du hast nichts gelernt,
und nichts dazugelernt.
Du weißt nicht, wie alles funktioniert,
oder wie man Politik machen könnte.
Dir ist nur wichtig,
Präsident bleiben zu können.
Selbst reich werden zu können, Macht über andere zu haben.

Für dich sind Demokratie und Diktatur synonym.
Du findest die Grenze zwischen beiden nicht.
Das Volk ist bedeutungslos für dich.
Du bist nur ein Dieb, ein Lügner, ein Diktator !
Was du versprichst, hältst du nicht!
Du beutest die Menschen aus!
Du bist ein Krimineller!
Du hast viele Leute im Gefängnis
heimlich getötet
und viele ins Exil getrieben.
Das Volk hat genug von dir!
Verschwinde!!

Schwarzer Mann

Mensch von weit her! Mensch, der keine Grenzen kennt.
Heimatloser Mensch.
Du bist auf allen Kontinenten, aber du hast auf keinem einen Platz,
Du kommst aus der fernen Welt. Deine Gedanken streben anderen Küsten zu.
Weder aus deinem ernsten Blick noch aus deinem Lächeln kann man deine Stimmung herauslesen.
Schwarzer Mann, woher kommst du? In welchem Land bist du zu hause?
Was suchst du hier in Europa?
Wir brauchen dich nicht, Wilder!
Aber du hörst uns nicht zu, weil du es schon weißt, dass wir dich in Wirklichkeit doch brauchen.
Wenn es Tag wird, stehst du auf, mit der Hoffnung, dass du eine Arbeit findest, in der Hoffnung, dass du jemanden findest, der dich braucht.
Auf der Straße treffen dich verächtliche Blicke, manchmal, selten, freundliche Menschen.
Du bist überall: bei den U-Bahnstationen, da verkaufst du Zeitungen, wie „Augustin" und „Bunte". Du verteilst Reklame in den Stiegenhäusern.
Du kehrst die Straßen der Stadt, um sie sauber zu halten.

50

Im Restaurant bist du es, der abwäscht, der für Reinlichkeit sorgt, damit die weißen Brüder speisen und trinken können, was ihr Herz begehrt.
Du versuchst wie die Weißen zu sein, aber alle Türen sind für dich geschlossen.
Du bist mit Diskriminierung konfrontiert und an den Rand der Gesellschaft gedrängt. Man verhindert deinen Aufstieg und bringt dich immer mit dem Bild des Dealers in Zusammenhang.
Am Ende des Tages ziehst du dich in das kleine Zimmer der Caritas zurück, müde, aber zufrieden, denn du hattest keine Kontrolle durch die Polizei und dankbar der Caritas, die dir ein kleines Bett zum schlafen überlassen hat.

Gott

Oh Gott, wo bist du ?
Gibt es überhaupt einen Gott ?
Wenn ja,
dann brauchen wir dich, hilf uns!
Es regieren das Geld, die Bomben und die Kanonen.
Menschen sterben.
Aber, oh Gott, wo bist du?
Frauen, Kinder, Alte,
und junge Männer sterben durch den Krieg im Irak.
Manche sterben an einer neuen Krankheit,
in China, in Singapur, in Hongkong.
Überall protestieren Menschen gegen den Krieg,
aber niemand von den Mächtigen hört es,
niemand gibt auf die Menschen acht.
Bist du wirklich der Gott aller Menschen?
Wenn du es bist, dann hilf uns, denn wir brauchen dich!
Wir brauchen deine Hilfe.
Wer weiß die Wahrheit?
Sagen uns Jesus, Jakob oder Mohammed die Wahrheit ?
Wem können wir vertrauen?
Was sollen wir glauben?
Wir haben Angst.
Angst vor dem Bösen in der Welt.
Lieben wir die Liebe, denn Gott heißt „Liebe".
Lieben wir einander!

53

Erst die Liebe macht das Leben schön!
Unser Leben ist zu kurz,
deshalb sollte es von Schönem, von der Liebe erfüllt sein.
Wir wollen das Leben genießen.
Wir lieben das Leben!
Wir hassen den Krieg.

Wir brauchen deine Hilfe, Gott!

Geld

Geld, du machst die Menschen verrückt!
Ich bin auch verrückt.
Aber ich bin verrückt nach Menschen.
Ich liebe die Freundschaft und die Liebe.
Oh ja!
Ich bin ein „Black (man)" und verkünde meine Meinung:
Geld verführt, Geld macht verrückt!
Oh ja!
Das Geld macht die Menschen schlecht.
Es macht sie überheblich, hochmütig!
Ich denke an die Menschen,
die sich des Geldes wegen zerstören.
Du Geld, du du den Krieg heraufbeschwörst,
mit dir bin ich vorsichtig!
Ich bin kein Dieb.
Ich sage die Wahrheit!
Ich denke an die Menschen, die in Armut leben.
Nein, ich bin kein Räuber, kein Gangster!
Ich denke an die Menschen, die bereit sind,
um des Geldes willen alles zu tun.
An die arme und reiche Jugend aller Kontinente,
das Geld macht sie zu Sklaven.
Oh, ja!
Wegen des Geldes sind sie gewalttätig.
Wegen des Geldes morden sie.

Geld, du bist es, das die Menschen auseinander teilt
und ein Zusammenleben verhindert.
Du glaubst, die Welt gehört dir:
Oh ja!
Geld, du weißt genau, dass die Menschen dich brauchen,

um ihre Familien zu ernähren.
Oh ja!
Aber ich denke an die Menschen,
die sehr viel arbeiten und sehr wenig verdienen
und an die,
die wenig arbeiten und viel verdienen.
Es ist ungerecht, aber es ist leider so.
Das Geld macht die Menschen verrückt.

Winter ohne Unterkunft

O, Gott du starker, du barmherziger, du allgegenwärtiger!
Es ist kalt, kalt eiskalt!
Ich fühle meine Füße nicht mehr.
O ja, es ist Winter.
Winter in dem Land, in dem ich Asylwerber bin.
Es ist kalt, sehr kalt, es schneit,
es ist Winter, Winter wie in Sibirien.
Mit einem Koffer und meinem Rucksack
stehe ich verlassen auf einer Wiener Straße.
Flüchtling zu sein ist mein Schicksal.
Ich bin völlig durcheinander
und weiß nicht ein noch aus.
Die Kälte, die meinen Körper peinigt,
fühle ich nicht mehr.
Ich träume:
Von einer friedlichen Wohnung,
von herzlichem Empfang, von Ruhe!
Durch meinen Kopf wandern Bilder:
Von meinen Freunden, die mich mögen,
und die ich mag.
O ja, es ist Winter,
in einem Land, in dem ich ein Fremder bin.

Die Verantwortlichen der Nussdorferstraße
Haben mich in die Bernhardgasse geschickt.
Warum muss ich dorthin gehen?

Ich fühle die Angst in meinem Herzen.
Mein Gott, was habe ich für Angst.
Aber ich weiß nicht warum,
ich weiß nicht wovor!
Hilf mir o Gott!

In Unkenntnis der genauen Adresse
meiner neuen Unterkunft gehe ich planlos,
suchend und frierend durch die Gassen des 7. Bezirkes.
Es ist kalt, kalt, eiskalt wie der Tod.
Es schneit, es schneit.
Überall schneit es.
Ich frage die Menschen,
die meinen Weg kreuzen:
„Entschuldige, können Sie mir helfen?
Ich suche die Bernhardgasse."
Eine nette Frau antwortet mir:
„Die Bernhardgasse, die kenne ich!"
Sie erklärt mir, wie ich dort hinkomme.

Verloren in meine Gedanken,
durch tiefen Schnee stapfend,
erreiche ich mein neues Quartier.
Vor dem Tor beginne ich zu zittern,
es schüttelt mich, durch und durch.
Meine Beine fangen an zu schlottern,
Angst umfängt mein Herz.

O, mein Gott,
wie bin ich müde und kraftlos.
Ich sehne mich nach Schlaf, nach Schlaf.
Ein warmes, bequemes Bett möchte ich!

Der Portier fragt nach meinem Namen.
Er verlangt meine Papiere.
Plötzlich verschwimmen die Gedanken in meinem Kopf.
Grausam taucht meine Vergangenheit,
im Gefängnis meiner Heimat, vor mir auf.
Die Unterkunft erscheint mir so wie meine Zelle.
Ich spüre plötzlich Tränen,
die mir über die Wangen rinnen.
Lieber Gott, was soll ich machen?
Ich weine.
Zurückgehen?
O ja, zurückgehen, dorthin,
woher ich gekommen bin.
Schnell, bevor es zu spät ist.
Aber es ist zu spät.
Guter, starker Gott, ich frage dich,
wenn es dich gibt:
Warum müssen Unschuldige leiden
anstelle der Schuldigen?

Ja, es ist Winter, Winter.
Ohne Unterkunft in Wien.

Waldspaziergang

Ich gehe spazieren, spazieren im Wald. Die Sonne scheint, es ist wunderschön. Der Himmel ist marineblau eingefärbt. Sanft flüstert mir der Wind ins Ohr, Vögel singen.
Ein Funke Glück ist auf mich übergesprungen. Ich fühle mich als Teil der Natur. Es ist so schön, so ruhig, so lieblich so mussten Adam und Eva im Paradies gelebt haben!
Ich träume auch von einer Welt des Friedens, von einer Welt der Fülle und des Wohlstandes.
In meinen Träumen sehe ich die Kinder lachen, sich freuen über die im Wind spielenden Blätter. Ich sehe die Vögel und höre sie mit den Kindern gemeinsam singen. Kinder, so schön, so glücklich!
Selig, dass sie Freiheit und Frieden genießen können. Ihre Körper sind schön, weil sie gut genährt sind.
Unter einem Baum lassen die Strahlen der Sonne das Blattgewirr des Waldes durchdringen, um in diesem das Bild der untergehenden Sonne aufleuchten zu lassen. Genau dort sitzt eine schöne Frau, schön wie ein Regenbogen in der untergehenden Sonne.
Sie blickt mich an mit den schönen Augen einer Gazelle. Am Grund der Augen erhasche ich einen Anflug von Traurigkeit und Einsamkeit.
„Schöne Frau, wie geht es dir ?"
Sie antwortet: „Ich bin krank schöner Mann, aus Einsamkeit krank!

Die Männer haben für mich keine Zeit, sie kümmern sich nur um ihre eigenen Interessen, sie bleiben nie länger bei mir. Sie denken nur daran, Chef des Hauses zu sein" sagt sie.

Schöne Frau, in dem Land, aus dem ich komme, verlassen die Männer nie ihre Frauen. Dort betrachten die Männer ihre Frauen als seltene Pflanzen, die man pflegen muss. Pflegen, damit sie leben können, pflegen, damit sie das leben weitergeben können, pflegen, damit Liebe wachsen kann und sie zufrieden sein können.

Diese Frauen verehren ihre Männer als wären sie Halbgötter, sie bestaunen sie wie Kinder. Kinder, die ernährt, beschützt, geliebt und glücklich gemacht werden sollen.

Die Frauen bei mir zu Hause sagen: Mein Mann zuerst, dann die Kinder, dann alle anderen.

So lebt man bei uns, schöne Frau, wie lebt man bei dir?

„In meinem Land, schöner Mann, denken die meisten an Karriere. Jeder will Karriere machen. Die Frauen haben nicht genug Zeit für ihre Männer und die Männer haben keine Zeit für ihre Frauen.

In den Herzen der Menschen hat die Arbeit die Stelle der Liebe eingenommen. Es herrscht ein Druck, die Chancen zu lieben und geliebt zu werden nehmen ab. Nur das Interesse verbindet die Menschen. Es fehlt die Treue.

Neue Technologien, Alkohol und Drogen sind in die Gesellschaft eingedrungen. Wir sind abhängig von den Dingen, die wir uns selbst eingebrockt haben.
Die Vögel singen und die Kinder tanzen.
Ich gehe nach Hause zurück.
„Nimm mich mit dir, ich will nicht mehr in meinem Land leben!"
„Du kannst mitkommen, wenn du willst, aber der Weg ist weit..."

Nebeneinander gehen wir durch den Wald, es ist so schön rings um uns in dieser üppigen Natur.
Das Leben geht weiter.

USA greif den IRAK nicht an!

Greif den Irak nicht an!
Kein Bombardement!
Keinen Krieg! Schrecklicher,
folgenschwerer, unheilbringender Krieg!

Denkt an die Kinder, die vor Hunger sterben,
denkt an die, die obdachlos werden!
An die Hungersnöte, an das Elend,
an die Krankheiten und an unsere Umwelt !

Überall auf der Welt sterben Menschen
aus Mangel an Nahrungsmitteln :
Lateinamerika braucht Hilfe,
Afrika braucht Hilfe,
Asien braucht Hilfe,
Osteuropa braucht Hilfe!

Warum investiert man stattdessen soviel in einen Krieg,
der keinen Sinn hat ?

Aids tötet,
die Umwelt ist vernichtet,
Dürre und Wüsten breiten sich aus.
Es gäbe so viele Probleme zu lösen.

Herr Präsident Bush,
Was für eine Art Mensch sind Sie?
Denken Sie nicht an die Folgen des Krieges,
sehen Sie nur Ihre Interessen?
Wenn in Ihnen das Herz eines Menschen schlägt,
dann denken Sie an die irakischen Frauen,
an die Kinder, die mit diesen Problemen nichts zu tun haben.
Trotzdem werden diese Opfer Ihres Egoismus.

Greifen Sie sie nicht an,
Greifen Sie auf keinen Fall an!
Vergessen Sie die Alpträume des 1. und 2. Weltkrieges (nicht)!

Frauen der USA, denkt an eure Jungen,
die an diesem unsinnigen Kampf teilnehmen werden!
Sie sterben für etwas, das keinen Sinn hat.
Der Krieg löst unsere Probleme nicht.

Gebt lieber stattdessen Medikamente für die Kranken,
Gebt den Hungernden Afrikas und Lateinamerikas etwas zu essen!
Versorgt die Indianer mit Kleidung, damit sie nicht vor Kälte sterben.

Kämpfen wir für einen erfolgreichen Umweltschutz,
helfen wir den armen Ländern, ihre Wirtschaft zu entwickeln.

Geben Sie kein Geld für den Krieg aus,
denn nur dann wird unsere Welt ein Zuhause
für den Wohlstand und das Glück!

Jetzt, Bush Senior und Junior, stoppen Sie den Einmarsch!

Wir sagen „nein" zu Gewalt, zu Krieg, zu Diktatur und Korruption!

Der Vogel und das Kind

Ich erinnere mich an damals, als ich noch klein war, dass sich ein kleiner Vogel zu Sonnenuntergang häufig im Garten meiner Großmutter niedergelassen hat.
Er sang ein ganz eigenes Lied, das mich sehr gefiel, als ich zuhörte. Er schillerte in allen Farben und war wunderschön und ich hatte den Eindruck, er käme in den Garten, um mir einen Besuch abzustatten. Es war zu einer Zeit, als ich das 6. Lebensjahr noch nicht erreicht hatte und auch noch nicht die Schule besuchte. Ich verbrachte beinahe den ganzen Tag im Garten, um mit meinen Freunden zu spielen. Dabei war ich immer der letzte, der den Garten verließ, denn ich wollte nicht gehen, bevor ich nicht den Gesang meines Freundes gehört hatte.

Jedes Mal wenn er kam, sang er das gleiche Lied und ich hatte das Gefühl, er wollte mit mir gemeinsam singen. Eines Tages überkam mich die Idee, mit ihm zu singen. Ich fasste den Entschluss über ihn mit „Nene-Kaou", das war der Name meiner Großmutter Mariam, zu sprechen.
Jeden Abend fand sich die Familie nach dem Gebet in der Dämmerung zusammen. Wir nahmen das Abendessen immer gemeinsam ein. Nachdem wir den Koran gelesen hatten, versammelte sich die Familie im Salon, um einander etwas zu erzählen, Sprichwörter oder Geschichten von den Vorfahren .

Jeder von uns durfte fragen und der Großvater versuchte die Fragen zu beantworten sich berufend auf den Inhalt des Koran.

Es war die Großmutter, die mich dann ins Bett schickte und mir täglich schöne Lieder über die Tapferkeit meiner Vorfahren, während der Periode des Widerstandes gegen die eindringende Kolonialherrschaft in Fouta- Djallon, vorsang.

Ich fragte meine Großmutter Mariam, ob denn die Menschen mit den Tieren auch in Kontakt treten könnten.

„Ja", antwortete sie, aber die Liebe zu dem Tier müsste ernsthaft und ehrlich sein.

In dieser Nacht, träumte ich , dass der Vogel auf meiner Schulter saß und wir gemeinsam im Garten sangen. Am Morgen des nächsten Tages fühlte ich mich krank und bekam mein Frühstück ans Bett serviert. Doch ich dachte an meinen Freund und hob ein Stück Brot für meinen „Susi" auf.

    Susi und ich waren gewohnt, bei Sonnenuntergang einander im Garten zu begegnen und ich hatte mir an diesem Abend schon ein Lied für meinen Vogel ausgedacht.

Diesmal flog er direkt auf meine Schulter, auf der er sitzen blieb. Dann begann er mit seinem Lied und ich stimmte ein:

> Mein kleiner Freund, Susi,
> paman, pama, kleiner Susi
> Da ist er, da ist er,
> ho, ho

sing, sing, ha,ha
Mein kleiner Freund Susi
Paman, pama

Ich hatte das Gefühl, dass er glücklich war genau wie ich, weil wir einander verstanden.

Die Jahre vergingen, Susi und ich trafen einander jeden Abend.
Manchmal kam er und setzte sich auf mein Fensterbrett. Eines Tages, zu meiner großen Überraschung, kam er sogar bei Sonnenaufgang auf mein Bett geflogen.
Er sang ein seltsames Lied und flog fort.

Seit dem Tag, an welchem ich das erste Mal zur Schule gehen musste, hatte ich Susi nicht mehr gesehen, aber ich fühle ihn überall. In den Gärten, im Wald und in meinem alltäglichen Leben. Er ist an meiner Seite. Wir haben das gemeinsame Ziel, die Natur und die Tiere zu schützen, denn unser Leben und Überleben hängt davon ab.

Einsamkeit

Einsamkeit ist wie eine Haut
aus Alufolie, die fest um mich
gewickelt ist. Nichts dringt durch.
Keine Wärme, kein Licht.

Ich bin isoliert.

Es ist soviel Dunkelheit um mich.
Wenn ich nicht noch ein kleines Feuer
In meinem Inneren hätte, wäre ich schon erfroren.
Wie kann ich ein Loch in die Folie bohren?

Inhalt

An meine Heimat Guinea..................5
Dunkelhaft..................7
In die Freiheit..................13
Die Abreise..................15
Begegnung im Kaffeehaus..................18
Weißer Mann..................20
Das Leben ein Kampf..................22
Angst vor dem schwarzen Gesicht..................24
Fulla Frau..................27
Afrikanerin..................29
Kinder dieser Welt..................32
Weiße Frau..................34
An meine Liebe..................36
Märchen aus Guinea..................37
Der Waise..................42
Wer bin ich eigentlich?..................45
An den Präsidenten..................47
Schwarzer Mann..................49

Gott..52
Geld..54
Winter ohne Unterkunft..56
Waldspaziergang...60
USA greif den IRAK nicht an!...................................64
Der Vogel und das Kind...68
Einsamkeit..72

Alpha

Entschuldigen Sie, ich habe verschlafen, gestern war ich lange aus" sagt er, als er zu mir zum Deutschunterricht kommt. Das dicke Französischwörterbuch legt er auf den Tisch und packt seine Sachen aus. Wir erweitern den Wortschatz. Zu jedem Begriff macht er von sich aus einen Beispielsatz. " Kann man sagen." Er ist sehr genau. Die Sprache zu lernen macht ihm Freude.
"Ich möchte wissen, wie die Leute hier denken, ich verstehe sie nicht, viele sind so kalt" und er erzählt, wie es denn das gäbe, dass ihn hier eine Woche oder 14 Tage lang die Menschen anrufen würden, mit ihm reden würden, fragen würden wie es ihm ginge und dann plötzlich für Monate nichts von sich hören ließen, so als existierten sie nicht mehr.
 Das ginge doch nicht, wenn man mit jemandem befreundet sei. Anschließend sagen sie :"Entschuldige Alpha, ich habe keine Lust gehabt, anzurufen..."
Sie zu Hause hätten sich oft getroffen, gemeinsam Vieles unternommen und unter Freunden sei eine Offenheit zueinander, das vermisse er hier. Oft habe er mit seinen Freunden kleine Bäume gepflanzt, denn bei ihnen werde zuviel gerodet. Man müsse der Natur zurückgeben, was man ihr wegnehme!
Er ist ein angenehmer Gesprächspartner. Vieles interessiert den Soziologiestudenten, einen Fulla aus Guinea Conacry, der schon gut Deutsch spricht. Er hat schon zu Hause angefangen Deutsch zu lernen, da er vorhatte, einmal in Deutschland zu studieren, aber dann

kam seine Gefangennahme dazwischen und er mußte plötzlich das Land verlassen.
Sein eineinhalbjähriger Sohn wird einstweilen von seiner Mutter betreut. Er zeigt mir ein Foto in seinem Geldbörsl: ein kaffebrauner Knirps mit einem Kinderfahrrad. "Er schaut ganz aus wie ich, finden Sie nicht? Für das Fahrrad habe ich das Geld geschickt. "
Heute wisse er mit ziemlicher Sicherheit, dass ihn ein Studienkollege bei der Regierung verpetzt habe, aus Eifersucht oder Neid, denn seine Studentenorganisation wollte eigentlich nur die Natur schützen und bewahren und hat sich nicht um politische Dinge gekümmert. Er hatte aber viele Freunde und war sehr beliebt. Die Festnahme durch die Polizei war ein Schock für ihn.
Ich kann mir das gut vorstellen, da er sehr offen und gerade ist und ein Mensch, der überlegt, was er macht, der die Dinge hinterfragt und sich für alles interessiert-
Er stammt aus einer wohlhabenden Familie, sein Vater hatte einen großen Landbesitz.Er ist leider jung gestorben. Am Arm trägt er ein Lederarmband auf das ein kleines Päckchen aufgearbeitet ist. "Was ist da drinnen?" frage ich neugierig. Er wisse es nicht, ein Geschenk seines Vaters, es soll ihm Glück bringen-
Hier ist er arm, aber er findet, dass das auch eine gute Erfahrung ist. Er nimmt sein Schicksal so wie es kommt und möchte das Beste daraus machen.
Er hofft schon wieder in seine Heimat zurück zu können, denn Afrika braucht Leute, die etwas studiert haben. "Wir sind ein reiches Land, wir haben alles, aber

wir haben eine ungebildete Militärregierung mit einer Mißwirtschaft. Korruption herrscht überall.
Wenige haben sehr viel, manche haben 5 verschiedene Autos vor ihrem Haus stehen, nur um zu zeigen, wer sie sind, daneben gibt es aber so viele Arme. Diesen Armen möchte ich helfen. "
 Beim Nachhausegehen sagt mir der Portier des Flüchtlingsheimes: "Der Alpha ist so ein netter Kerl, er ist immer gut aufgelegt!"

Eva Novotny, 2002

Alpha Amadou Diallo

Schul- und Berufsausbildung

seit Feb 03	Universität Wien – Soziologie Studium Soziologische Forschungsmethoden Ergänzungsprüfung Deutsch, Vorstudiengang der Wiener Universitäten
1999 – 2000	Geisteswissenschaftliche Fakultät Diplom d`Etude Generale/Licence-Diplom Soziologie
1997 - 1999	Universität Gamal-Abdel-Naser, Konakry, Gründung eines Studentenvereines „Freunde der Zukunft" (FZ)
1993 - 1996	Gymnasium, Sozialwissenschaftlicher Zweig/Konakry

1988 - 1993	weiterführende Schule mit Abschluss/Labe
1984	Grundschule/Labe
1979 – 1984	Koranschule/Labe

Berufliche Erfahrungen

Seit 2014   Habit (Haus der Barmherzigkeit Integrationsteam), Betreuer

März 06   Verein Balance/WVB Bernsteinstraße, persönliche Assistenz

2002   Wiener Assistenz Genossenschaft/WAG, persönliche Assistenz

Interessen und Engagements

Literaturwettbewerb UNHCR, 1. Preis
Lesung am Afro-Asiatischen Institut
Thema: Versöhnung und Frieden
Lesung am Latein-Amerikanischen Institut – Jungwort

Persönliche Lebensgeschichte

seit Feb.2006   Österreichische Staatsbürgerschaft

5. Okt. 2004   als Konventionsflüchtling in Österreich anerkannt

12. Okt..2000 Asylantrag

Okt. 2000   Flucht nach Europa

Jun/Okt. 2000 Inhaftierung, Folter und Misshandlung

6. Juni 2000   Demonstration gegen die Regierung in Guinea